L 27/n 18918.

PÉNITENCE ET RÉPARATION,

PAR M. L'ABBÉ G.....

PREMIÈRE ÉDITION.

PÉNITENCE ET RÉPARATION,

PAR M. L'ABBÉ G.....

I

Les habitants de Sellières se souviennent qu'il y a quelques années, un différend s'éleva entre la veuve de Pierre Garnier et les héritiers de celui-ci, au sujet de sa succession. Ils n'ont pas oublié non plus que ce débat fut pour les héritiers l'occasion d'embarras d'une autre sorte; M. l'abbé Saron, curé du lieu, et beau-frère du défunt, ayant jugé qu'en conscience l'on ne pouvait essayer de réduire à plus juste mesure les prétentions de madame sa sœur. Du procès l'on n'en parle plus : mais du cas de conscience, il a continué jusqu'à ce jour d'en être beaucoup question.

Si les gens de Sellières veulent creuser encore dans leurs souvenirs, ils se rappelleront que les héritiers de Pierre Garnier crurent devoir publier un compte-rendu de cette affaire, où tout le monde pût prendre connaissance des particularités les plus essentielles, et aussi s'édifier, leur paraissait-il, des motifs de leur conduite. Or, ce qu'ils considéraient comme une apologie est devenu un nouveau grief; et ce n'est plus seulement avec M. l'abbé Saron qu'ils ont eu à s'expliquer sur ce point, mais bien avec Mgr. l'évêque de Saint-Claude, qui exige pénitence et réparation.

A cela l'on ne trouve point à redire. Il convient, toutefois, que le plus gros de la peine pèse sur le premier et principal auteur de la faute. Assez généralement, l'on soupçonne que celle-ci doit être imputée surtout à un ecclésiastique uni par les plus

étroits liens aux paroissiens mis en cause. « C'est
» lui, dit-on, qui, après avoir dissuadé les siens de
» s'en tenir aux prohibitions de M. le curé, à l'en-
» droit du procès, a rédigé le compte-rendu con-
» damné par Mgr. l'évêque. » Il n'est que trop vrai !
Puissent les regrets du coupable corriger quelque
peu l'imperfection de son œuvre !

Nulle considération d'état et de préséance ne dis-
pense de ces sortes d'aveux, quand la conscience
presse de les faire. Il n'y a de dignité que dans le
devoir ; et le premier devoir de quiconque a péché
est de se repentir. Loin que la maxime soit à dé-
daigner pour les gens d'église, c'est eux, au contraire, quelle concerne principalement. *Malheur à
vous, scribes et pharisiens hypocrites, race de vipères,
sépulcres blanchis, qui fermez aux hommes l'entrée du
royaume des cieux, les chargez de fardeaux insuppor-
tables auxquels vous ne touchez du doigt* :* et le reste
que tout le monde sait. Quelle plus grave injure au
caractère sacerdotal que de chercher pour les prêtres
des garanties d'honneur et de respect dans de hon-
teux calculs d'orgueil ; que de prétendre que leurs
vertus supposées doivent servir de compensation à
leurs vices réels !

Que l'on ne s'y trompe : c'est bien vraiment l'auteur du livret incriminé qui a écrit ce qu'on vient de
lire ; et il y a long-temps qu'il se serait exécuté de
cette façon, s'il n'eût dû attendre que la circonstance l'y forçât. Sa crainte, en prenant l'initiative,
eût été qu'on ne lui prêtât une arrière-pensée qu'il
désavoue, celle de se fustiger sur le dos de ses voisins ;
qu'on ne s'imaginât qu'il mettait de la ruse et de la

---

* St. Matth., c. 23.

méchanceté dans une affaire, où il ne veut apporter que de l'indulgence et de la bonne foi. Comment, en effet, afficher le regret de certains défauts dont son œuvre est entachée, sans ajouter à la publicité du reste? Tout le monde jugera que les ordres précis de Mgr. l'évêque de Saint-Claude, ont dû lever pour lui ce scrupule. Son désir sincère, aujourd'hui encore, est de n'avoir pas à divulguer bientôt tout ce que, depuis dix-mois, il a dit et fait dans le but d'éloigner les éventualités fâcheuses que sa confession menace d'entraîner pour d'autres pénitents.

Difficilement, le lecteur serait en état de bien saisir le sens des explications qui suivent, et d'en apprécier exactement la portée, si l'on ne mettait, en premier lieu, sous ses yeux, l'écrit qui les a rendues nécessaire.

COMPTE-RENDU,

Dédié à Monsieur l'abbé Saron, curé de Sellières, par quelques-uns de ses paroissiens.

(Publié en avril 1842.)

Les jugements que portent les prêtres, là où ils jouissent de toutes les prérogatives de leur ordre, se fondent sur une instruction secrète. A leur tribunal, l'accusé, presque toujours, est jugé sur ses propres aveux; et lui seul ayant connaissance de la sentence qui l'absout ou le condamne, le même secret doit protéger et celui qui la prononce et celui qui l'entend. Mais une fois sorti de l'enceinte où il bénit et consacre, le prêtre, comme tout autre homme, doit répondre à qui lui demande compte de celles de ses paroles qui ont le caractère de l'injure et de la dif-

famation ; et il lui convient d'autant moins d'en dé-
cliner la responsabilité, qu'elles tirent plus de poids
de l'ascendant moral qui est un des priviléges de sa
position, des présomptions que celle-ci crée contre
ceux qu'il accuse.

Encore que cette règle soit parfaitement évidente,
le prêtre dont le nom se lit en tête de cet exposé a
cru pouvoir se dispenser de la suivre. Interrogé, au
sujet de propos gravement injurieux, par ceux à qui
il appartient de s'enquérir des raisons qui l'autori-
saient à les tenir, le silence a été sa seule réponse.
Les explications qui suivent pourront tenir lieu de
celles qu'on lui a demandées en vain, et rendre les
motifs de son silence moins mystérieux que les motifs de ses discours.

Les choses de la religion sont saintes et véné-
rables ; mais le respect qui s'y attache ne saurait être
une garantie d'impunité pour les abus qu'elle condamne. Lorsque l'abus, d'abord exception, acquiert
la consistance d'un système, la stabilité d'un plan
de conduite persévéramment suivi, rien n'importe
plus, dans l'intérêt même de la religion, que de le
signaler et de le flétrir.

Les parents de Pierre Garnier, domiciliés à Sellières, voudraient se confesser : leur curé ne veut
pas les entendre. Ils s'en étonnent ; car, se disent-
ils, par le devoir de sa charge, M. l'abbé Saron,
comme tous les curés du monde, est tenu non-seulement de prier et de prêcher, mais de confesser encore. A quoi répond M. le doyen* : « Vous entendre
» ne sera jamais une affaire. Mais quant à vous ab-
» soudre, c'est autre chose. D'absolution, vous n'en
» aurez point ; tenez-vous-le pour dit : vos péchés

_____
* M. le doyen et M. le curé, c'est tout un.

« sont publics et votre impénitence scandaleuse. »
Et pourtant, c'est l'absolution qui fait surtout envie
aux pénitents si bien tancés. Les voilà donc écon-
duits. Jusqu'à quel point s'en retournent-ils édifiés
du zèle de celui que leurs péchés scandalisent? Pour
le dire, il faudrait savoir, au préalable, à quel degré leur conscience s'inquiète de ses anathèmes, et
ce qu'ils pensent des raisons qui les motivent. La
veille du jour où mourut Pierre Garnier, mari de
la sœur de M. le doyen, ils étaient absous sans difficulté, il leur en souvient; et ils ont bonne souve-
nance encore que, dès que l'on eut parlé, quelques
jours après seulement, de contester au sujet de la
succession, il leur fut signifié qu'ils ne le seraient
plus jusqu'à nouvel ordre. Les portes du ciel se-
raient-elles fermées aux gens de Sellières du moment qu'il leur prend envie de plaider contre leur
curé? Y aurait-il un lien si intime entre les intérêts
temporels de celui-ci et le salut éternel de ceux-là,
que la damnation des paroissiens dût résulter in-
failliblement des petites contrariétés qu'éprouve le
pasteur? Graves questions, à coup sûr, et pour la
solution desquelles ce petit écrit vous sera peut-être
de quelque secours, ami lecteur.

A la mort de Pierre Garnier, marié le 10 août
1855, et décédé le 4 août 1838, dame Othilie Saron,
sa veuve, se trouvait en possession d'un contrat de
mariage qui lui assurait la jouissance viagère de son
bien, et d'un testament qui lui en donnait la propriété définitive. Les prétentions fondées sur le contrat de mariage étaient parfaitement légitimes, et
les parents de Pierre Garnier ne songèrent jamais à
élever sur ce point la moindre difficulté. Quant au

testament, au contraire, l'on était fort éloigné de
s'entendre. Encore qu'il fût très authentique, de
quel poids pouvait-il être pour ces derniers qui
avaient reçu de la bouche de son auteur, dans
les vingt-quatre dernières heures de sa vie, l'aveu
réitéré qu'il ne contenait point l'expression de sa
volonté? Aussi déclarèrent-ils tout d'abord que
cette pièce serait toujours pour eux comme si elle
n'eût jamais existé, et que, dans le cas où l'on croi-
rait devoir repousser des propositions qui témoigne-
raient de leur sincère désir de terminer ce différend
par des moyens conciliants et pacifiques, ils feraient
tout ce qui serait en eux pour qu'elle n'eût aucunement l'effet qu'on en attendait.

De quelque façon que l'on calculât dès lors les
chances de perte ou de gain, en cas de procès, le
jugement de l'opinion, quant au fond même du
droit, était arrêté; les gens qui opposaient à la lettre
du testament la manifestation par son auteur de volontés contraires à celles dont il était l'expression,
jouissant dans leur pays d'une réputation de probité
à l'abri de tout soupçon. Cependant, encore que
leurs assertions donnent à ce fait principal une force
indépendante des probabilités et des présomptions
par lesquelles il serait facile de le rendre aussi vrai-
semblable qu'il est certain, l'on ne saurait se dissimuler que plus d'un lecteur regrettera de ne pas
trouver en cet endroit des éclaircissements sur certaines questions qu'il se fait naturellement à lui-
même.

Par quels motifs Pierre Garnier a-t-il pu se décider, quelques heures avant de mourir, à manifester
des intentions contraires à celles exprimées dans le
testament fait par lui quelques mois après son mariage?

Dans l'une ou l'autre circonstance aurait-il obéi à des suggestions étrangères, cédé à des sollicitations intéressées, ployé sous l'ascendant d'exigences impérieuses?

A l'époque de son union avec la famille Saron, aurait-il eu d'énormes griefs contre ceux avec lesquels il avait jusqu'alors vécu? ou bien la reconnaissance lui aurait-elle imposé quelque grand devoir envers ceux à qui il venait de s'allier?

Pierre Garnier ayant manifesté des volontés différentes de celles dont il avait laissé l'expression écrite; comment ceux qui ont recueilli ses paroles ne se sont-ils pas empressés de le satisfaire, lorsqu'il demandait qu'on lui donnât les moyens d'en assurer l'effet?

Aisément les questionneurs alongeraient leur programme, et bien plus aisément encore pourrait-on se donner carrière en leur répondant. Mais il s'agit d'autre chose aujourd'hui. Cette digression, étrangère à ce qui est proprement l'objet de cet écrit, lui donnerait un caractère qu'il importe qu'il n'ait point. Ici, M. le curé seul est mis en cause par ses paroissiens; et tant s'en faut que ceux-ci songent à se montrer hostiles envers qui que ce soit, que ce n'est pas sans regret qu'ils se voient contraints de discuter publiquement les motifs de ses provocations. Toutefois, si le sentiment de certaines convenances leur défend de prendre à l'égard de personne une position différente de celle qu'ils ont conservée jusqu'à ce jour; ce sentiment ne s'opposera pas à ce que, dans l'occasion, ils ne donnent toute explication que l'on aura rendue nécessaire.

Encore que la position de M. le curé de Sellières dans cette affaire soit parfaitement distincte de celle

de tout autre, et que, loin d'éprouver aucune envie
de compliquer ce démêlé de questions qui n'y ont
qu'un rapport indirect, l'on ait à cœur, au contraire,
d'en préciser l'objet le plus qu'il sera possible, en
s'en tenant aux explications les plus indispensables,
il n'est guère permis d'espérer, l'on ne fait nulle
difficulté d'en convenir, que ceux qui les liront ren-
ferment leurs jugements dans les mêmes limites.
L'analogie est un moyen de certitude, celui dont on
use le plus fréquemment, peut-être. Or, M. l'abbé
Saron étant uni par les liens de la parenté la plus
étroite à l'une des parties que l'on vient de voir aux
prises au sujet d'une succession ; et ses anathèmes
contre l'autre ayant été fulminés à l'occasion de cette
contestation et au moment où elle commençait, l'on
conçoit qu'il serait fâcheux à la fois pour M. l'abbé
et les siens que ses rigueurs théologiques demeu-
rassent isolées de tout plausible motif. Ceux qui,
dans une circonstance où il importait si fort d'être
circonspect et réfléchi, se sont décidés à la légère,
se dirait-on, qui ont trouvé dans la loi divine la
condamnation d'adversaires qu'elle absout, pourraient fort bien aussi s'être trompés dans leur manière d'entendre les règles ordinaires de la loyauté
et de la délicatesse. La distinction de la lettre et de
l'esprit, si essentielle pour l'entente des choses divines, ne l'est pas moins pour l'appréciation des
choses humaines. L'on peut interpréter pharisaïque-
ment les lois de l'honneur aussi bien que celles de
la conscience ; et nombre de gens savent se tenir
parfaitement en règle avec les prescriptions littérales
du code, dont les actions sont fort peu conformes aux
principes de justice qui ont présidé à sa rédaction.
Voilà ce que l'on se dirait, et beaucoup d'autres choses

encore sur lesquelles il serait superflu de s'étendre,
mais que l'on n'a pas voulu omettre entièrement,
afin de faire preuve d'une franchise entière, et qu'il
fût bien établi que ces sortes de déductions, absolument étrangères au but que se proposent d'atteindre
ceux qui vont essayer d'en poser les prémisses, ne
sauraient en aucune façon leur être imputées.

La question que l'on se fait tout d'abord, quant
au point principal, est celle-ci : M. l'abbé Saron
devant intervenir dans cette discussion d'intérêt,
comment lui convenait-il de le faire? Les moins
heureusement avisés répondent du premier coup :
« Placé entre les parties auxquelles il tenait, d'un
» côté par les liens du sang, de l'autre par son mi-
» nistère; il devait, oublieux de toute préférence
» intéressée et n'obéissant qu'à l'instinct d'une com-
» mune bienveillance, s'efforcer de calmer l'ardeur
» des prétentions rivales; autant qu'il était en lui,
» faire en sorte que des deux côtés l'on s'abstînt de
» procédés violents; s'en abstenir soigneusement lui-
» même; éviter, en un mot, qu'aucune apparence ne
» permît de soupçonner en lui l'ascendant de quel-
» que mauvaise passion, au lieu des hautes et pures
» inspirations, que l'on suppose naturelles à un homme
» de son état. Mais ce qui importait par-dessus tout,
» c'était que, dans l'exercice de celles de ses fonc-
» tions pastorales par lesquelles il se trouvait en
» rapport avec les adversaires de madame sa sœur,
» il poussât la discrétion jusqu'au scrupule. Dût-il,
» pressé par les impérieuses nécessités de la con-
» science, leur faire un motif d'exclusion, quant à
» la participation aux sacrements, de leur rôle dans
» ce démêlé; loin de divulguer le secret de cette
» résolution, comme une menace où apparaîtrait le

» plaisir d'une vengeance sacrilége, ce lui était un
» devoir commandé par toutes les exigences de sa
» position, de le renfermer au-dedans de lui-même
» jusqu'au moment où il serait indispensable de leur
» en faire la confidence en présence de Dieu seul. »

Ces principes de conduite paraissent fort raison-
nables. Il ne semble pas pourtant que M. l'abbé
Saron ait été extrémement frappé de leur évidence.
Depuis quelques jours seulement l'on s'entretenait
dans le public du parti qu'étaient résolus de-prendre
les adversaires de madame sa sœur, qu'il commençait d'être question de jugements portés par lui sur
leur compte. Il avait d'abord été singulièrement
étonné en apprenant qu'il leur fût venu en pensée
de ne pas prendre ses prétentions pour règle de leurs
intérêts : puis aussitôt sa conscience s'était émue,
et il avait compris qu'il ne pouvait se faire l'instru-
ment de leur réconciliation avec Dieu, aussi longtemps qu'ils persévéreraient dans leurs coupables
desseins*. Dure extrémité pour un prêtre, d'être
contraint d'aider par les fonctions les plus saintes de
son ministère à la réussite de ses affaires les plus
profanes ; car il est à craindre que ce qu'il prétend
être une nécessité pour sa conscience, ne lui soit
imputé comme un calcul. Le monde est pervers,
tourne toutes choses à mal, et est disposé à se rire
des plus beaux exemples, du moment qu'il y aperçoit
quelque profit pour ceux qui les lui donnent. M. l'abbé
Saron se fût-il décidé par d'excellentes raisons à
éconduire ses pénitents désireux d'absolution, il en

---

* La matière est grave. Il importe d'indiquer avec précision
les personnes et les circonstances. Moins de six semaines après
la mort de Pierre Garnier, M. le curé de Sellières disait, en
parlant du père du défunt : « Je l'attends en confession. »

avait d'aussi fortes au moins de n'en rien dire du
tout. Combien n'importait-il pas davantage qu'il
gardât ce secret pour lui seul, si ces raisons n'étaient
rien autre chose que les perplexités d'une âme can-
dide, excessivement timorée!

Que M. l'abbé Saron ait jamais songé à faire va-
loir comme motifs de ses rigueurs sacramentelles les
prérogatives du sacerdoce, on ne le pense pas, et
l'on n'a paru faire, en commençant, une question
d'un paradoxe aussi ridicule, qu'afin d'éveiller son
attention sur les périls de la situation. Mais, avant
de l'entendre lui-même, écoutons les plaideurs ana-
thématisés, et voyons comment leur conscience pré-
tendait être à l'abri de ses foudroyants arrêts. L'on
ne saurait nier qu'il n'y eût dans leur langage quelque apparence de bonne foi.

« Aux droits qui nous sont acquis par le sang,
» pouvaient-ils lui dire, madame votre sœur oppose
» un testament. Or, un testament ne saurait être un
» titre de propriété qu'autant qu'il est pour la con-
» science l'expression véritable de la volonté de son
» auteur, ou qu'il est imposé au nom de la loi, en-
» tant que revêtu des formalités exigées par elle pour
» la validité de ces sortes d'actes. Vainement lui
» chercherait-on quelque efficacité, sous quelque
» rapport que ce soit, qui ne dérivât de l'une ou de
» l'autre de ces deux sources; et il est non moins
» nécessaire d'admettre que la condamnation dont
» vous nous jugez passibles devant Dieu, parce que
» nous avons résolu de tenter de priver de son effet
» celui qui est entre les mains des vôtres, doit être
» fondée sur des motifs analogues aux seules cau-
» ses qui peuvent rendre ce dernier valide ou légi-
» time. Or, de quelque hypothèse que vous fassiez

» choix, voici notre réponse : Si vous nous donnez
» le testament que possède madame votre sœur pour
» l'expression véritable de la volonté de son auteur,
» nous vous disons que nous sommes certains qu'il
» n'en est rien ; et cette certitude est un fait moral
» dont l'aveu, ce nous semble, doit vous suffire, à
» moins que vous n'ayez connaissance également
» certaine de circonstances qui rendent cet aveu
» absolument incompatible avec la bonne foi. Est-
» ce, au contraire, le zèle de la loi qui vous dévore ?
» Sans mettre aucunement en oubli les égards qui
» vous sont dus, nous croyons pouvoir vous faire
» observer que vos respects ressemblent fort à des
» dérisions ; car, comment est-il possible que vous
» trouviez dans la loi le moindre prétexte à vos ri-
» gueurs, alors que vous nous faites un crime d'en
» appeler à l'intervention des juges qui sont ses in-
» terprètes naturels ? »

Depuis dix-huit mois, M. le doyen n'a tenu
compte de ces raisons, qu'il juge fort mauvaises. Le
sophisme toutefois est subtil, et ceux qui ne sont
pas, comme lui, rompus aux difficultés les plus ar-
dues de la dialectique, pourraient bien s'y laisser
prendre. Il va nous dire le fin mot de l'affaire. Ecou-
tons. La réponse n'a pas été directement communi-
quée, mais elle est parfaitement authentique.

« L'alternative dans laquelle il vous plaît de me
» placer ne m'embarrasse aucunement ; car, d'une
» part, ce que vous prétendez connaître des dernières
» volontés du défunt, qui aurait réservé pour le
» moment de la mort des déclarations qu'il avait tues
» jusqu'alors, ne revient point à ce qui est en ques-
» tion entre nous ; et de l'autre, nul n'a jamais
» trouvé mauvais que vous plaidassiez contre le tes-

» tament que nous vous opposons. Mais, entendez-
» le bien, c'est contre le testament seulement qu'il
» vous est permis de plaider. Chercher à le priver de
» son effet par une action judiciaire indirecte, vous
» ne le pouvez. Un exemple déterminera mieux le
» sens de mes paroles que de longues explications;
» et j'aurai soin qu'il revienne si bien à votre fait,
» qu'aucun commentaire n'en pourra fausser l'ap-
» plication.

» *Jean* a fait à ses enfants le partage de son bien.
» Ce partage fait et accepté de part et d'autre, sous la
» garantie d'une mutuelle confiance, rend chacun de
» ceux-ci propriétaire légitime de la part qui lui est
» échue, encore que nul ne se soit soucié de prendre
» les précautions qui assurent aux actes de ce genre
» leur efficacité légale. A quelque temps de là, *Paul*,
» l'un des enfants, meurt, et laisse *Annette*, sa veuve,
» munie d'un testament qui la constitue légataire
» universelle. Aucun des héritiers frustrés ne met
» en doute que cette pièce n'ait été réellement écrite
» par celui à qui on l'attribue; mais tous savent aussi,
» à n'en pouvoir douter, que ce qu'on y lit diffère
» essentiellement des volontés dernières de son au-
» teur. A quoi va se résoudre le père? Plaider contre
» le testament n'aboutirait à rien; car de ce côté
» l'affaire est bien et duement baclée. Contester sur
» la validité de l'acte qui a rendu le défunt pro-
» priétaire, pour empêcher que son bien n'aille à
» d'autres que ceux à qui il appartient, serait plus
» chanceux évidemment. Il prendra donc ce dernier
» parti. Mais le voilà retombé dans un inconvénient
» plus grave que celui contre lequel il veut se pré-
» cautionner; car il va avoir affaire à *Polycarpe*,
» son curé, frère d'*Annette*, qui n'hésitera pas à lui

» faire un crime d'une semblable résolution. Vaine-
» ment *Jean* prétexte-t-il la légitimité de la fin ; le
» moyen est illicite. Telle est du moins la persua-
» sion de *Polycarpe*, et cette persuasion est aussi la
» mienne. »

La question ne saurait être posée avec plus de
netteté et de précision : la parabole de *Polycarpe* et
de *Jean* étant mot pour mot l'histoire de M. le doyen
et de Claude-Pierre Garnier, père du défunt. Les
paroissiens de M. le curé lui avaient dit : « Ou dis-
» cutez avec nous sur les raisons que nous préten-
» dons avoir de ne point nous en rapporter à la lettre
» de votre testament, ou permettez-nous de plaider
» contre. » Il leur répond : « Plaidez tant qu'il vous
» plaira, y mettant de la discrétion toutefois, n'ima-
» ginant pas qu'il vous soit loisible d'user de tous vos
» avantages. Emportez la position de front, si vous
» le pouvez, vous en avez le droit ; mais ne la tour-
» nez pas ; ce serait une action abominable. » Nouvelle tactique à l'usage des plaideurs. C'est l'histoire
du duel de Dugazon. — Monsieur, permettez, un
rond sur votre large ventre : les coups portés en
dehors ne compteront pas. — Avec cette différence
que ce bouffon propos devient dans l'affaire du cas
de conscience un propos très sérieux, qu'il convient
dès-lors de discuter gravement, quoi qu'il en coûte.
Ne sortons pas de la supposition admise, et voyons
ce que *Jean* va répondre à son casuiste.

« Votre décision, Monsieur le curé, qui me per-
» met de plaider contre le testament que possède
» votre sœur, et me défend de me précautionner
» contre l'injustice de son exécution, en essayant de
» me prévaloir des défauts de l'acte de partage, se
» fonde sur des motifs fort mystérieux. Elle suppose

» qu'il existe de l'un à l'autre des différences que je
» n'aperçois pas, et que je m'efforce en vain d'ima-
» giner. Ce testament, me dis-je à moi-même, ré-
» gulier quant à ses conditions extérieures, et nul,
» si l'on y cherche l'expression de la volonté de celui
» qui l'a écrit, pouvant être considéré sous deux
» rapports parfaitement distincts, quelle difficulté
» y a-t-il à ce que l'on distingue aussi dans l'acte
» de partage la force qu'il tire de la libre détermi-
» nation de ceux qui y ont coopéré, de la valeur qu'il
» peut avoir à raison de son caractère simplement
» légal? Et si cette distinction est fondée comme la
» première sur la nature des choses, comment faut-il
» s'expliquer la différence des règles que vous éta-
» blissez? Comment, ayant des raisons suffisantes de
» contester sur la légalité de l'un, m'est-il défendu
» de mettre en question celle de l'autre? Dans l'un
» et l'autre cas, l'action à intenter n'est-elle pas re-
» lative au même objet, à la reconnaissance d'un
» fait purement et simplement matériel? Indépen-
» dante du motif et de la fin pour laquelle on l'in-
» tente, n'est-elle pas complétement en dehors de la
» question morale que nous discutons, celle-ci ne
» pouvant se résoudre que par ce motif et cette fin
» même? Vainement me feriez-vous observer qu'il
» est à craindre qu'en entrant dans cette voie je ne
» sois conduit à prendre à ma charge quelque pro-
» pos déloyal et mensonger; car, interrogé juridi-
» quement sur l'existence du fait légal, je répondrai
» qu'il n'existe pas, ce qui est l'hypothèse même
» dans laquelle nous raisonnons; et interrogé sur
» l'intention d'où le partage en question tire toute
» sa force dans ma conscience, je répondrai que mon
» intention, loin d'avoir jamais été absolue, a tou-

» jours été, au contraire, conditionnelle; n'ayant
» jamais prétendu me dessaisir de mon bien au pro-
» fit d'autres que mes enfants et ceux qui y auraient
» des droits appuyés sur des titres que leur consen-
» tement aurait créés. Nul doute, en un mot, que
» cette distinction de la matérialité du fait et de son
» élément moral ne me permit de répondre négati-
» vement à toute question, de quelque part qu'elle
» vînt, qui me serait adressée dans le dessein de
» me faire avouer, au profit de la veuve de *Paul*,
» l'existence d'un partage auquel je n'ai coopéré que
» par un simple mouvement de volonté, et dans un
» but absolument différent de celui que se propose-
» raient d'atteindre ceux qui m'interrogeraient; des
» questions adressées au nom de la loi ne pouvant
» concerner que les choses qui sont de son ressort,
» et ma conscience ne reconnaissant d'efficacité à
» l'acte dont on voudrait se prévaloir contre elle que
» dans la limite de l'intention qui l'a produit. »

Qu'objecterait le curé *Polycarpe* à son paroissien?
On ne sait trop, et M. le doyen lui-même serait
vraisemblablement fort embarrassé de le dire. Au
moins est-il singulièrement regrettable que jusqu'à
ce jour il n'ait mis personne en état de soupçonner
ce que son confrère pourrait opposer de sensé aux
arguments de son interlocuteur. Il reste à lui faire
la confidence d'autres embarras.

M. le curé de Sellières eût-il eu les meilleures raisons du monde de signaler quelques-uns de ses paroissiens comme indignes de la réception des sacrements, par suite de leurs démêlés avec madame sa
sœur, il resterait à découvrir à quel motif de haute
convenance il cédait en s'employant de manière à
augmenter pour eux la difficulté de se procurer ail-

leurs ce qu'ils eussent demandé en vain dans leur
endroit. Encore qu'il soit plus naturel à un homme
de sa sorte qu'à tout autre d'alléguer, avec quelque
chance d'être cru, le salut des principes et celui des
âmes, l'inconvénient de semblables démarches, in-
stantes, multipliées, dans sa position, se sent beaucoup plus que leur à-propos. La sollicitude pastorale
a ses excès, plus funestes quelquefois que ceux de
la tiédeur et de l'indifférence. Or, dans cette circonstance, il importait d'être tiède, la chose est certaine. Il faut reconnaître, toutefois, qu'il est dans
la destinée des âmes ardentes et enthousiastes de se
laisser emporter aux mouvements d'un zèle qui n'est
pas toujours réfléchi ; et c'est là, sans nul doute,
l'excuse la plus plausible dont la bienveillance puisse
couvrir cet écart de conduite de M. l'abbé Saron.

Par le même motif indulgent on l'avertira d'un
autre péril. Quelques mois avant que la mort n'en-
levât aux siens, il y a peu de temps encore, Claude-
Pierre Garnier, le chef de la famille sur laquelle
pèsent les rigueurs de l'interdit, l'on entendit cir-
culer sur son compte des bruits étranges. Cet homme
qui, durant sa longue vie presque séculaire, avait
constamment joui dans son pays d'une réputation
d'honneur et de probité, était devenu tout à coup infâme : il avait fait un faux serment. C'était là ce qui
se disait en certain lieu. Bien que parmi ceux qui al-
laient recueillir l'héritage de ce respectable vieillard,
dont le nom et la vie irréprochable étaient pour
eux la portion la plus précieuse, nul ne s'inquiétât
de l'effet de ces discours, ils furent curieux de savoir
qui s'occupait à les répandre. Grand fut leur déplai-
sir d'apprendre que cette contrebande sortait des
poches de M. l'abbé Saron. Imaginer ce qu'il pou-

vait gagner au débit de cette mauvaise pacotille, était
fort difficile ; plus difficile encore était-il de découvrir comment on pourrait lui épargner les désagréments du cas de flagrant délit. Certes, les prédicateurs se fondent sur les plus fortes vraisemblances
lorsqu'ils mettent, en général, les accusations por-
tées contre ceux de leur ordre sur le compte de la
haine et de l'impiété. L'antique foi se perd, et ses
apôtres sont souvent en butte aux plus injustes at-
taques. Triste vérité ! Que M. l'abbé se garde, toutefois, d'espérer en tirer aucun parti dans l'occasion
présente, car le hasard ou le malheur a voulu que
les oreilles qui prétendent avoir recueilli de sa bouche
les vilains propos dont il est question, ne fussent
aucunement ennemies de la religion ni des prêtres.
Comment se précautionnera-t-il contre l'inconvénient ? C'est un soin qui le concerne, et qu'avec la
meilleure volonté du monde on est forcé de lui abandonner. Il était essentiel qu'il lui fût signalé ; car, à
moins qu'il ne vienne en aide à la conscience publique, il peut compter qu'elle sera longtemps en quête
des moyens de concilier de telles paroles avec les
éloquentes apostrophes de ses sermons sur le men-
songe et la calomnie.

Si ce simple exposé ne suffisait pas à éveiller en
lui certaines susceptibilités et inquiétudes, on ap-
pellerait son attention sur un autre fait plus récent,
qui prête une singulière force aux jugements que
bien des gens, peu téméraires d'ailleurs, hasarde-
ront sur l'incident.

Claude-Pierre Garnier étant mort, bon nombre
d'habitants de Sellières, jaloux de l'honneur de leur
curé, et le jugeant fort aventuré, si sa conservation
dépendait de la perte de celui du défunt, eussent

désiré qu'il se conduisît, dans cette circonstance, de
manière à diminuer la vraisemblance de ces impu-
tations. Un destin fatal a voulu que l'événement con-
vertît leurs désirs si bienveillants en amers regrets.
Nul assurément n'a regretté la présence de M. Saron
aux obsèques de Claude-Pierre Garnier. Bien qu'il
eût été aussi désirable pour lui que convenable d'ailleurs qu'il y présidât, les soins multipliés du ministère ecclésiastique, les travaux dont il se consume
incessamment pour le bien de ses ouailles, rendent
raison suffisante de son absence. Mais ce qui ne
s'explique pas de la même façon, c'est qu'il ait em-
pêché ses confrères d'y paraître, et que, pour y
réussir, il ait cru devoir recourir à de fâcheux expédients, dans lesquels la franchise et la droiture sont
les choses qui se sentent le moins.

L'astuce et la fourberie venant en aide à un projet
de basse vengeance ; celle-ci exercée par un prêtre,
en présence de la mort, sur une famille éplorée, sur
le cadavre d'un vieillard dont on aurait longtemps
voulu effrayer la conscience pour les motifs que l'on
a vus, sur qui l'on aurait tenté de déverser l'infamie
avant de chercher à faire déserter ses funérailles !
Puisse M. le curé de Sellières comprendre combien
il lui importe de donner au public des explications
qui permettent de discerner quelque apparence d'intentions honnêtes à travers l'immoralité de pareils
faits ! Cet écrit aura produit son effet le plus désiré,
s'il le détermine à l'entreprendre et s'il y réussit.

Quelques raisonnements fort simples, quelques
faits très précis, c'est là tout ce que contiennent les
pages qu'on vient de lire. Quelque parti que l'on
juge à propos de prendre quant aux premiers, l'on
ne contestera pas sur les seconds. La supposition

contraire serait une injure. Cependant l'on a eu soin
de ne rien avancer d'essentiel à la discussion dans
laquelle il prendra peut-être envie à M. le curé de
Sellières de s'engager, qui ne pût être confirmé par
le témoignage de gens étrangers aux parties. Parmi
les faits allégués, il en est un sur lequel on éprouve
le besoin de revenir, pour en exposer en détail les
circonstances. C'est celui relatif aux expédients auxquels M. l'abbé Saron a cru devoir recourir pour
empêcher ses confrères d'assister aux funérailles de
Claude-Pierre Garnier, expédients, a-t-il été dit, dans
lesquels *la franchise et la droiture sont les choses qui
se sentent le moins.* Le reproche est grave, et il est
isolé de tout correctif indulgent. Il importe que l'on
soit à même de juger s'il est mérité. L'on trouvera
d'ailleurs dans les particularités de ce fait comme un
spécimen utile pour l'appréciation du reste.

Claude-Pierre Garnier étant décédé, l'un de ses
petits-fils se rendit auprès de M. le curé de Sellières,
afin de l'entretenir de choses concernant l'inhuma-
tion, et de l'informer que les siens, tenant à ce que
le corps fût accompagné par un certain nombre de
prêtres des environs, l'on désirait savoir si l'invitation devait leur être faite par lui ou par les parents
du mort. M. le curé répondit que ce soin concernait
ceux-ci. Ils prirent donc leurs mesures en conséquence. Cependant les prêtres invités par les paroissiens jugèrent qu'ils eussent dû l'être par le curé
du lieu, à qui, selon eux et selon toute vraisemblance, il appartenait de régler ce qui tient aux cé-
rémonies religieuses. Or, le hasard ayant voulu que,
pendant le temps qui s'écoula entre la réception de
cet avis et l'heure désignée pour les obsèques, ils
rencontrassent M. l'abbé Saron; celui-ci fut prié par

eux de réparer la méprise dont il était l'auteur, en consentant à ce qu'ils se rendissent à l'invitation qu'ils avaient reçue ; ce qu'il ne voulut point faire.

Il y avait de treize à quatorze mois que M. l'abbé Saron escarmouchait ainsi assez misérablement sur un étroit terrain, lorsqu'on vit s'exécuter à son profit des manœuvres combinées sur un plus vaste champ. A coup sûr, c'est à l'heureuse étoile de M. le doyen seulement qu'il faut attribuer le début de ces opérations importantes ; et ce sont des discours pleins de perfidie que ceux qui lui imputent comme un calcul la louable inspiration qu'il eut au mois de décembre dernier, d'essayer de réveiller la foi parmi ses ouailles par les pieux exercices auxquels présidèrent, pendant trois semaines, des missionnaires venus de Lons-le-Saunier. Quoi qu'il en soit, la mission de l'an de grâce 1859 marquera dans les annales de la famille Saron ; car c'est de cette époque de renouvellement et de bénédictions que datent des événements dont la succession devait aboutir à la réalisation d'espérances précieuses que l'on y nourrissait depuis longtemps.

Indépendamment de ce qui se racontait, dès les premiers jours, de la manière dont les nouveaux prédicateurs envisageaient l'affaire, les oreilles les moins exercées à saisir dans un discours l'arrière-pensée qui préoccupe l'orateur, purent pressentir, en entendant la glose de certain sermon, que les intérêts de M. le curé ne se trouveraient pas mal du séjour de ces hommes apostoliques dans sa paroisse. Ces soupçons furent bientôt pleinement confirmés ; car l'un des plaideurs qui lui étaient hostiles s'étant abouché avec M. l'abbé Martin, supérieur des missionnaires, il lui fut dit incontinent qu'il se trouvait dans le plus mauvais cas, qu'il devait se hâter de sortir de la position fatale dans laquelle il s'était engagé. Rarement la paix d'une bonne conscience est à l'épreuve, chez les simples et les humbles, des terreurs qu'inspirent de telles paroles, prononcées par un prêtre avec le ton et l'assurance qu'y mettent volontiers, et le plus souvent sans grande discrétion, ceux qui par caractère et d'habitude régentent et dogmatisent. Comme l'on eût pu le prévoir, l'entretien ne finit pas sans qu'on eût parlé d'arrangement; arangement à l'amiable, cela s'entend. De quel autre pourrait s'occuper convenablement un homme de Dieu, à quelques pas de l'endroit où il bénit et absout? Une particularité regrettable cependant, c'est que la convention dont il fut question alors n'ait été qu'un désistement absolu au profit de M. le curé; le sentiment le moins délicat de ce qui convient ayant dû dissuader le prêtre consulté d'être pour rien dans ces pourparlers, du moment que l'on songeait à partager ainsi le différend. Etre grave et sérieux, c'est fort bien, si la circonstance et l'action ne sont pas burlesques; car autrement la gravité du personnage, loin de sauver sa dignité, ne fait qu'ajouter au comique de la farce à laquelle il se mêle. C'est ce qu'à la foire l'on entend à merveille. Cette considération, qui a bien aussi sa gravité, n'empêchait pas qu'à considérer les choses d'un autre point de vue, l'accord d'un des plaideurs avec la famille Saron, arrêté à de semblables conditions, ne fût un résultat précieux et considérable. Ces propositions ridicules furent accueillies par les autres comme elles méritaient de l'être; mais ce mécompte ne devait pas faire abandonner l'espoir de tirer parti de l'avantage précédemment obtenu.

Il n'y avait que fort peu de jours encore que l'on

s'entretenait de ces refus et de ces dédains, lorsque trois religieuses qui figuraient parmi les récalcitrants, reçurent avis qu'une lettre datée de Saint-Claude leur faisait une obligation rigoureuse d'acquiescer aux offres si convenables de M. l'abbé Saron. Que l'on imagine l'effet d'un semblable message sur des imaginations féminines que déjà, à plusieurs reprises, l'on avait tenté d'inquiéter de cette façon. Les religieuses ne furent pourtant pas ébranlées au point de se rendre à pareille injonction. Elles laissèrent couler l'eau, et cette mesure n'eut, pour le moment, d'autre effet que de donner à réfléchir à ceux qui en eurent connaissance, sur les singuliers rapports que perçoivent certaines gens entre les choses les plus spirituelles et celles qui le sont le moins. Point n'est besoin, assurément, de discuter ici, pour l'édification du public chrétien, l'à-propos d'une semblable intervention. Les commentaires ne manqueront pas au texte que des raisons plus fortes que certains regrets contraignent de leur livrer. L'événement ayant donné tort aux calculs de MM. de St-Claude, on y recourut immédiatement à une autre combinaison.

L'on n'avait rien sollicité encore de la complaisance du père spirituel des religieuses admonestées et non corrigées, relativement à ce fâcheux différend. Il fut prié de s'employer de manière à y trouver quelque conclusion. Le nouveau négociateur ne se fit pas illusion sur le sens de cette demande. Il comprit qu'elle avait un double objet. Ceux qui la lui adressaient avaient sans doute fort à cœur les intérêts matériels de M. l'abbé Saron : mais ils tenaient autant, pour le moins, à ce que celui-ci ne souffrit d'aucune révélation qui viendrait mettre le public dans la confidence des moyens par lesquels on pourrait

croire qu'il eût cherché à les garantir ; et la distinction était d'autant plus importante, que, tout-
à-fait désintéressés quant au premier point, les solli-
citeurs étaient loin de l'être sur le second. M. l'abbé
Barbier, désireux, de son côté, d'étouffer des débats
qui pourraient être une occasion de scandale, courut
immédiatement au plus pressé. L'affaire allait avoir du
retentissement à Besançon, où elle devait être bientôt plaidée. Il se mit à prier les adversaires de dame
Othilie Saron de consentir à ce qu'elle fût retirée du
rôle de la cour, et transportée devant des arbitres.
L'intention était louable. Les plaideurs avaient pourtant à tenir compte d'autre chose. Il s'en fallait que
le gain de leur procès fût assuré devant MM. de la
Cour ; mais, quelque douteux que fût le résultat de
l'action judiciaire, ils inclinaient à laisser les choses
suivre leur cours ordinaire, ne se sentant nulle envie
d'entrer dans la nouvelle route qui leur était ouverte
par ceux dont l'intervention avait été, dès le commencement, si déplorable. S'ils surmontèrent la répugnance qui les dissuadait de se rendre à des conseils donnés de bonne foi, ils n'en doutaient pas, mais
dont la première source leur était plus que suspecte,
ce fut uniquement afin d'épargner à des personnes
qui leur étaient chères de nouveaux désagréments.

En définitive, un compromis fut signé, qui trans-
portait la cause devant un tribunal d'arbitres. Les
parties avaient trois semaines pour parler à leurs
juges, qui, ce temps écoulé, devaient prononcer
pendant les quinze jours suivants. A Sellières donc,
les plaideurs excommuniés comptent là-dessus. Ils
taillent leurs vignes, sèment leurs pois, se donnent
du bon temps, sans souci que du dernier quart
d'heure : car, se disent-ils, point ne sera besoin de

longs discours ni d'une grande éloquence pour faire
entendre que Claude-Pierre Garnier, bien famé, s'il
en fut, qui jamais ne passa pour voleur dans le pays,
avant qu'il eût pris envie à certaines gens nouveaux
venus de lui en donner le renom, ne saurait avoir
mérité telle injure. Mais en voici bien d'une autre.

Onze jours seulement s'étaient écoulés depuis la
dernière convention, qu'on vient leur apprendre que
l'affaire est terminée. L'affaire terminée contre leur
attente, sans leur participation, indépendamment
des dispositions du compromis pour lequel on avait
dû naguère solliciter leur aveu, à grand'peine obtenu! Et comment cela? Rien de plus simple. Depuis qu'ils s'étaient mis eux-mêmes hors de cause en
consentant à ce que leur procès fût retiré du rôle de
la Cour, l'on avait fait aux religieuses de nouvelles
propositions d'arrangement à l'amiable. Et voici sur
quelles bases on avait conclu : Les religieuses faisaient cession de tout ce à quoi elles avaient jusqu'alors prétendu*. Premier point. Elles agissaient
tant en leur nom qu'au nom de tous les autres héritiers de Claude-Pierre Garnier, leur père, qui tous
avaient avec elles le même intérêt, dont elles pro-
mettaient la ratification, et *pour tous lesquels elles
se portaient au besoin garantes.* Second point. Et qui
était venu prier les religieuses d'apposer leurs signatures sur cette pièce remarquable? M. l'abbé Barbier, leur père spirituel, arrivé au couvent en compagnie de M. l'abbé Martin, le missionnaire, qui,
retiré dans la chapelle, tandis que son confrère
faisait sa visite aux sœurs, y priait sans doute pour

---

*A une fiche de consolation près : la jouissance actuelle du
quart de l'héritage ; le droit des enfants de Claude-Pierre
Garnier, quant à la propriété de ce quart, n'ayant jamais été
en question.

le bon succès de l'entreprise. Qu'on ne se hâte pas de faire à chacun sa part de responsabilité d'après ces derniers renseignements, car il en résulterait une grave injustice. La seule chose à constater, c'est que ceux qui, dès le principe, s'étaient agités en tant de sens pour terminer cette affaire par les moyens spéciaux dont seuls ils avaient l'usage, étaient parvenus à leurs fins.

Vainement les influences ecclésiastiques qui ont amené cette brusque et singulière conclusion essaieraient-elles de s'effacer après coup, en prétextant la sanction de deux laïques qui auraient coopéré à cet arrangement, est-il dit dans la pièce qui l'a rendu définitif.

Cet arrangement tire toute sa force des signatures accordées par les religieuses, et l'adhésion de celles-ci ne s'explique que par l'empire des conseils et des circonstances que l'on vient de signaler. Le reste est un accessoire insignifiant, une mesure de précaution tout-à-fait illusoire.

Que les noms derrière lesquels on essaiera peut-être d'abdiquer un rôle embarrassant, soient ceux d'hommes recommandables, choisis pour arbitres par les parties, appelés à prononcer un jour sur la cause, ce n'est pas là qu'est la question. Ce qui est en question, c'est de savoir s'ils avaient aucunement la qualité de juges, s'ils étaient renseignés comme tels, à l'époque où tout fut réglé de la manière qu'on vient de voir. *Les parties*, est-il dit dans le compromis, *auront un délai de trois semaines, dates des présentes (31 mars), pour remettre à MM. les arbitres tous les titres et renseignements que chacune d'elles jugera convenable de fournir.* Il est donc parfaitement évident que le 10 avril, jour où fut conclu l'arrangement avec les religieuses, nul n'étant censé éclairé sur la cause, nul ne pouvait prononcer sur le fond du droit.

Et cette raison péremptoire contre qui viendrait se réclamer de sa qualité de juge, empêche également de tirer aucun parti de la coopération d'hommes de bonne foi, désireux d'apprendre, tant qu'il vous plaira, mais qui par le fait ne savaient pas, ceux de qui ils attendaient des communications ne s'étant pas encore présentés ; les religieuses seules et leur père spirituel ayant fait jusqu'alors les frais de l'instruction ; et celle-ci étant évidemment incomplète, manquant de ses éléments les plus essentiels, aussi long-temps que n'auraient pas paru les gens de Sellières, témoins de la plupart des faits relatifs au procès, seuls parfaitement renseignés sur le fond et sur les incidents. Les arbitres avaient eu sous les yeux les seules pièces écrites de la procédure, et ces pièces ne pouvaient en aucune façon suppléer au silence des plaideurs. *Les arbitres*, est-il dit dans le compromis, *jugeront d'après leur conscience et sans être obligés de se conformer aux principes du droit civil.* Evidemment des débats, en présence de pareils juges, devaient être tout autres qu'ils n'eussent été devant des juges ordinaires. Il n'y avait plus à argumenter sur le rapport de la lettre de la loi aux formalités observées dans les actes dont jusqu'alors on avait discuté la valeur. La question légale s'était transformée en une question de certitude morale relative à d'autres faits. « Oui, sans doute, auraient dit les enfants de
» C.-P. Garnier, le partage sur l'existence légale
» duquel a roulé, jusqu'à ce jour, tout le différend,
» a été fait ; mais à des conditions qui l'annulent dans
» la supposition dans laquelle on discute. Notre père
» s'est dépossédé ; mais seulement en faveur de ses
» enfants et de ceux qui se présenteraient pourvus de
» pièces légitimes au même titre que l'acte dont ils

» viendraient réclamer le bénéfice. La question de
» savoir s'il était autorisé à refuser à dame Othilie
» Saron la part des propriétés partagées qu'elle ré-
» clame, à répondre négativement à des demandes
» adressées dans le but d'obtenir des aveux favo-
» rables à ses prétentions, dépend donc de la ré-
» ponse à donner à cette autre : Notre père disait-il
» vrai lorsqu'il assurait que le testament que possède
» la famille Saron n'était nullement l'expression de
» la volonté de celui qui l'a écrit ? » Les enfants de
Claude-Pierre Garnier, en un mot, complétant le
détail des faits que l'on vient d'exposer par d'autres
révélations également propres à faire apprécier à des
gens honnêtes et sensés la bonne foi que chacun a
apportée dans cette affaire, depuis son commencement jusqu'à sa conclusion, auraient fait à la conscience des arbitres l'appel qu'ils font aujourd'hui
à la conscience publique. En présence de ces faits et
de la vie entière de Claude-Pierre Garnier, ils leur
auraient demandé ce qu'il faut penser de l'honneur et
de la religion de ceux qui l'ont qualifié et le qualifient
encore, à l'heure qu'il est, d'infâme et de misérable*.

En fin de compte, à qui doit être dévolue la responsabilité de l'acte par lequel, en obtenant préci-
pitamment des religieuses leur adhésion à un pacte
tellement onéreux que le nom d'arrangement qu'on
lui donne en est ridicule, l'on enlevait aux autres
plaideurs la chance d'un arbitrage à grand'peine

*Il n'y a pas plus de deux mois encore que M. l'abbé Saron
accolait l'une de ces deux épithètes au nom de Claude-Pierre
Garnier. Celui-ci, du reste, avait déjà été noté d'infamie en 93,
et pour ce, renfermé dans les prisons du comité de salut public, d'où il ne sortit qu'après la mort de Robespierre. M. l'abbé
ne saurait manquer de tirer un grand parti du rapport de ses
paroles avec cette accusation d'un autre temps.

consenti, l'on mettait hors de cause ceux que l'on aurait dû convoquer au moins pour cette étrange délibération? Que M. l'abbé Martin y ait concouru, c'est la chose du monde qui s'explique le plus naturellement. Guidé, quant à la décision du cas de conscience, par les principes si lumineux de la théologie de M. l'abbé Saron, il voyait, dans cette manière de terminer, la réparation d'une criante injustice, la fin d'un scandale énorme, l'édifiant aveu d'un repentir sincère. Puis, cet arrangement à l'amiable complétait les résultats de la mission à laquelle il avait présidé, en rétablissant l'harmonie entre deux familles que ses prédications avaient laissées désunies. M. l'abbé Barbier était placé par ses convictions et ses antécédents dans une position différente. Il faut donc se mettre à un autre point de vue pour se rendre compte de sa détermination. En obtenant des adversaires de la famille Saron que la publicité des débats purement judiciaires fût étouffée sous le huis-clos d'un arbitrage, il n'en avait point obtenu la promesse de s'imposer toujours le silence qu'ils avaient jusqu'alors si patiemment gardé. Tout au contraire, il avait de très fortes raisons de prévoir qu'avant que les arbitres ne donnassent leur décision, les héritiers de Claude-Pierre Garnier mettraient le public au courant des rapports fâcheux qui existaient depuis dix-huit mois entre eux et leur curé. Or, M. l'abbé Barbier redoutait les conséquences de cet éclat. Ce qu'on venait d'oser sur les religieuses qu'il dirigeait, ne lui permettait guère de douter qu'elles ne dussent pâtir encore de ce conflit d'un autre genre. Leurs prières communes avaient été impuissantes à conjurer l'orage. Il s'imagina sans doute qu'il le détournerait en hâtant, ainsi qu'on a vu, la conclusion de l'autre différend. Ce qu'il y a de bienveillant dans cette conduite se sent assez pour qu'il soit superflu de le faire remarquer ; mais cette bienveillance était compagne de la peur, et dans cette circonstance, comme toujours, la peur fut mauvaise conseillère. Quant à l'odieux de cette fausse démarche, il revient tout entier aux auteurs de la panique, et ceux-ci sont suffisamment désignés. Il n'est vue si courte qui ne puisse compter toutes les mailles du réseau dans lequel les paroissiens de M. l'abbé Saron ont fini par se trouver enveloppés, les fils et les ressorts qui l'ont fait mouvoir. Peu de gens sans doute seront tentés d'applaudir à la délicatesse des moyens ; mais, en revanche, l'on ne saurait se dispenser de reconnaître l'audace extrême de l'entreprise.

Quels nouveaux projets va méditer M. le curé de Sellières ? On ne sait. Le plus probable est qu'il continuera de sévir, en toute occasion, et par tous les moyens que lui fournira l'exercice du ministère pastoral, sur des pécheurs impénitents et endurcis qui osent l'appeler à discuter publiquement sur les motifs de ses procédés. Ceux-ci s'attendent à être, comme par le passé, en butte à ses intrigues et à ses poursuites : aux jours de maladie et d'angoisses, ils sauront qu'il surveille ceux qui, bravant la persistance de ses rancunes, viendront leur apporter les dernières consolations, et ses insultes ne leur manqueront pas à l'heure où il leur faudra songer à rendre les derniers devoirs à ceux qu'ils auront perdus. Grande misère assurément, qui n'est pas sans compensation, toutefois. Les gens de Sellières sont avertis et bien renseignés.

Où est le mal dans l'écrit qu'on vient de lire ? — Il est au commencement : il est à la fin : il est au milieu. — Il est donc partout ? — Non pas. Ce livret renferme des choses excellentes, tout-à-fait dignes de mémoire. Il y a de l'or à toutes les pages ; mais il y est à l'état de minerai. On va le réduire en purs lingots en le faisant passer au feu d'une sévère critique.

Et d'abord ce mémoire à consulter pèche par son titre. Mieux eût valu que les paroissiens laissassent à d'autres le soin de mettre sur ce message l'adresse de leur curé. On comprend qu'ils aient eu à cœur d'entretenir le public de leur affaire : mais ils devaient s'y prendre d'une autre façon, se contenter de placer les faits sous leurs dates, les racontant dans le style des plus vieilles chroniques, c'est-à-dire, sans y mêler l'ombre d'une figure de rhétorique ni d'une moralité ; ajoutant à cet exposé la déclaration pure et simple aussi des raisons qu'ils avaient eues d'agir comme ils l'ont fait.

Un autre défaut de ce compte-rendu est de finir comme une prophétie. Ces genres diffèrent essentiellement, autant que le passé diffère de l'avenir. Il importait donc de ne pas les confondre. Evidemment la moitié de cette dernière page est de trop. Les termes, non plus, n'y sont pas assez ménagés. Lorsqu'on devine, l'on n'est jamais aussi sûr que lorsqu'on raconte. Puis, que l'on fasse l'un ou l'autre, il convient, sans doute, d'appeler les choses par leur nom, mais sans entrer aussi avant dans l'intention.

Le mal, a-t-on dit, n'est pas seulement au commencement et à la fin du livret, il est encore au milieu. Sans doute, et c'est là surtout qu'il est. Les faits qui s'y révèlent sont de telle nature qu'il devait suffire à la justice la plus rigoureuse qu'on en fît

exactement le récit ; car il n'y avait lieu de s'inquiéter que le lecteur n'en saisit pas du premier coup
l'accablante signification. Tout commentaire de ce
texte fatal était donc inutile ; et il eût été charitable,
généreux, de ne point le donner en des termes trop
souvent ironiques. L'indulgence était commandée
dans cette circonstance par la faiblesse évidente de
ceux qui avaient eu si longtemps tous les torts de
l'agression. Leur caractère imposait aussi d'autres
devoirs. Il est permis de résister à l'injustice : qui
en doute? Il faut combattre contre elle jusqu'à la
mort : c'est l'Esprit saint qui le dit*. Mais, si violente
et obstinée qu'elle soit, des chrétiens ne doivent
jamais, sous prétexte de protestation, laisser douter
de leur respect pour l'autorité dont les auteurs de l'abus
peuvent être dépositaires : règle généralement oubliée
aujourd'hui, et à laquelle, pour cette raison encore,
il eût été bon de s'astreindre quelque peu davantage.

Voilà de réelles satisfactions, données en termes
clairs, où l'humilité, ce semble, ne manque pas non
plus. Pourtant elles ne suffiront pas aux plus exigeants.

Ceux-ci se divisent en deux classes. Les uns vous
disent : « Vous n'auriez pas dû augmenter le va-
» carme. Vous vous étiez tû pendant dix-huit mois :
» que ne vous êtes-vous tû jusqu'à la fin. Après
» tout, quelle avance? Vous parleriez comme un
» ange, que cela n'y ferait rien. »

Ces gens-là se trompent de diverses manières.
Leur premier tort est de n'entendre dans les paroles
que le bruit qu'elles font, sans se soucier du sens
qu'elles expriment. Le vrai comme le bien a en soi
une valeur absolue dont il importe de toujours tenir
compte. En second lieu, c'est faire une criante in-

---

* *Usque ad mortem certa pro justitiâ.* Ecclesiast., c. 4, v. 33.

justice aux personnes les plus compromises dans ce démêlé que de désespérer qu'elles profitent jamais d'une observation raisonnable. L'avenir, nous en sommes sûrs, donnera un éclatant démenti à d'aussi sinistres prévisions. Quant à la question de savoir s'il n'y a nulle avance à se précautionner comme on l'a fait contre la continuité de certains inconvénients, un fait entre mille va prouver combien grave est la méprise de qui tient pour la négative.

Le procès à l'occasion duquel les casuistes avaient donné de regrettables décisions durait depuis un an, quand ceux à qui l'on en voulait commencèrent à se trouver en de grands embarras. Pécheurs endurcis, dénoncés publiquement ou peu s'en faut, ils ne pouvaient se dissimuler que le progrès des convictions publiques continuant à s'opérer dans ce sens, il leur resterait peu de chose à la fin de la bonne réputation dont ils avaient toujours joui. Déjà ils se voyaient pendus en effigie. Triste perspective! De secrets gémissements, une politesse froide, de plus en plus réservée, des regards pleins de mystère et de mélancolie : la charité des meilleures âmes ne pouvait leur accorder davantage. Puis il y avait les sournois qui, pour une bonnetade en plein soleil, vous portaient cent coups d'épingles à la sourdine. Mais la plus rude besogne était du côté des emportés. Ceux-ci ne se faisaient pas faute de vous interpeller, en plein vent, s'il vous plaît, avec l'indignation chaleureuse qui s'empare de tout honnête homme à la vue d'un vaurien, d'un scélérat, opprobre de son espèce, monstre dans la création..... A la halle au poisson l'on n'y aurait pas pris garde : mais être complimenté sur ce ton par des chrétiens de première crème, dont quelques jours on se dis-

putera les reliques, par les plus chauds amis de M.
le curé, qui, en leur âme et conscience, croyaient
vous donner de cette façon le vrai et légitime commentaire de ses sermons, était fort désagréable. Que
faire en une telle extrémité? Essayer de s'aboucher
avec les uns ou les autres eut été l'entreprise la plus
folle. Les emportés étaient inabordables ; les sournois
vous auraient conté des balivernes ; les bonnes âmes
ayant assez de leurs peines de conscience ne vou-
laient entendre parler de rien. A force de se creuser
le cerveau pour trouver remède à si grand mal, les
plaideurs s'imaginèrent que, sans solliciter audience
de personne, peut-être gagneraient-ils quelque chose
à montrer ingénument à tous dans leur conscience
ce qu'eux-mêmes ils y voyaient. De là, la publication du compte-rendu, source de nouveaux embarras, il est vrai, mais qui n'a pas laissé de produire
en partie l'heureux effet qu'on en attendait. Qui n'eût
considéré, par exemple, la scène qu'on vient de dé-
crire comme l'indice de préventions incurables? O
doux empire de la raison sur les âmes droites! Les
victimes de ces violences ont reçu depuis, en mainte
occasion, de leurs auteurs des témoignages de sym-
pathie, de profonde estime. Le plus souvent, à
l'heure qu'il est, ceux-ci leur rendent gracieuse-
ment le salut ; quelquefois même ils les pré-
viennent, portent à leur approche le chapeau jusqu'à
terre : mieux que cela, ils les attendent au bas de
l'église pour leur présenter l'eau bénite. Particularités remarquables ; que le contraste surtout rend
significatives : car elles prouvent très bien ce qui
était à démontrer, à savoir qu'à Sellières l'on n'est
pas opiniâtre dans l'absurde, que les gens de ce pays
ne demandent qu'à être éclairés pour y voir.

Les curieux feront des questions, demanderont si ce que les paroissiens ont gagné d'un côté, M. le curé ne l'a pas perdu de l'autre, voudront savoir jusqu'à quel point les partis se sont rapprochés, dans quelle proportion s'est opéré l'amalgame : toutes choses qu'il importe peu de leur apprendre. C'est toutefois un devoir de stricte équité de reconnaître quelles fortes présomptions durent créer, à toutes les époques de ce long différend, en faveur de M. le curé de Sellières, les honorables champions qui lui sont venus plus constamment en aide, champions en tête desquels figurent MM. Pierre-Hyacinthe Perruche et Vincent (le père du notaire), tous deux anciens maires de la localité, tous deux au suprême degré recommandables par les mœurs et les vertus qui font le charme du foyer domestique, par les souvenirs d'une administration publique aussi consciencieuse qu'intelligente.

Mais il est d'autres mécontents et qui mettent leurs suffrages à bien plus haut prix que les premiers. Ceux-là feront la moue tant qu'on ne leur aura pas accordé que l'historique imprimé est fabuleux d'un bout à l'autre. Il n'y a qu'à s'édifier, en vérité, de l'intention qui les rend rigoureux jusqu'à ce point. Ces gens-là ont un sentiment très vif des convenances de certaines positions : ils savent de quelle considération doivent être entourés les hommes appelés à remplir des fonctions hautes et saintes, absolument incompatibles, leur paraît-il, avec la publicité de certains reproches, s'il n'y a moyen pour ceux à qui on les adresse de prouver qu'ils ne sont pas mérités. Partant ils comprennent à merveille de quelle conséquence il est pour des personnes qu'ils se font un devoir d'estimer, que le livret passe pour calomniateur à toutes ses pages. Chose singulière! C'est par scrupule de conscience, délicatesse d'honneur, qu'ils sont devenus ennemis implacables de la vérité. Fut-il jamais imposture plus innocente? Malheureusement tous les critiques de la seconde catégorie ne sont pas dans ce dernier cas. Ceci nous conduit à dire quelque chose des raisons qu'à eues Mgr. l'évêque de Saint-Claude, de prétendre que le compte-rendu n'était qu'un pamphlet.

Que ce prélat soit intervenu dans cette affaire essentiellement ecclésiastique, et par son objet et par le caractère des personnes qui y ont joué les principaux rôles, c'est là, certes, une révélation peu importante. Il y avait bien près, avant qu'on ne la fit, des soupçons à la certitude. Mais il est peu probable que le public ait sur la nature de cette intervention des données aussi sûres que sur le fait de l'intervention elle-même. Mainte fois celui qui écrit ces lignes s'est mis en travail d'examen pour essayer de rattacher les actes et déclarations de l'autorité épiscopale à quelque principe invariable et fixe ; il y a toujours trouvé d'insurmontables difficultés.

Encore quelques mois, et l'interdit qui pèse sur plusieurs habitants de Sellières aura duré cinq ans. Il y a deux époques principales dans cette période : l'une qui commence avec le procès relatif à la succession de feu Pierre Garnier, où M. le curé de Sellières a vu un motif de refus d'absolution pour ses héritiers; l'autre qui s'ouvre lors de la publication du compte-rendu des événements relatifs à ce même procès, où Mgr. l'évêque de Saint-Claude trouve des raisons de continuer aux plaideurs les peines infligées par M. le curé. Evidemment les premières menaces de refus d'absolution, dont on discute l'à-

propos dans cet écrit, sont le nœud auquel tout
aboutit. Or, si l'on demande à Mgr. de Saint-Claude
ce qu'il pense sur ce point principal, Mgr. répond
qu'il se gardera bien d'entrer dans le fond de l'affaire.
De la part de ce prélat, juge naturel et obligé en ces
sortes de différends, la réserve est excessive. Elle sou-
lève d'ailleurs plus de difficultés qu'elle n'en résout,
ainsi qu'il parait par le passage suivant d'une lettre
d'un des paroissiens de M. le curé de Sellières, en
réponse à celle où Mgr. a déposé cet aveu.

« *Je me garderai bien*, dites-vous, *d'entrer ici dans*
» *le fond de l'affaire.* De mon côté, Monseigneur, je
» me soucie assez peu de pénétrer le fond des motifs
» de cette scrupuleuse discrétion. Quelques mots
» seulement qui seront comme l'historique des dif-
» férentes phases qu'elle a subies. Qui a eu raison
» d'abord, ou du confesseur refusant d'absoudre les
» plaideurs, à l'occasion du premier procès*, ou des
» plaideurs prétendant que ce refus était isolé de tout
» légitime motif? Là est *le fond*, le vrai *fond de toute*
» *l'affaire.* Or, cette question vous la résolûtes quand,
» au plus fort de nos démêlés, vous déclarâtes que,
» dans l'occasion, la théologie qu'on nous opposait
» serait celle à votre usage. *Ni moi non plus je ne*
» *vous donnerais l'absolution!* Peut-être aurez-vous
» quelque peine à retrouver ces paroles dans vos
» souvenirs : mais elles sont demeurées gravées pro-
» fondément dans les nôtres, et cela suffit pour leur
» authenticité.

» Plus tard, il est vrai, vous vous avisâtes qu'il
» pourrait n'être pas sans inconvénient de les laisser
» sans correctif. De là, la protestation consignée dans

---

* Il y a eu deux procès. Du second l'on n'a rien dit encore, et
l'on désire qu'il n'en soit jamais question.

» certaine lettre écrite de votre main où vous rendiez
» hommage à notre parfaite bonne foi. C'était entrer
» une seconde fois *dans le fond de l'affaire*, mais par
» une autre porte que la première.

» La lettre que j'ai eu l'honneur de vous écrire
» vous a-t-elle ouvert les yeux sur quelque incon-
» vénient nouveau résultant de cette déclaration der-
» nière? Je ne sais. Toujours est-il que c'est après
» l'avoir lue qu'il vous a paru bon de m'apprendre
» que vous ne vouliez rien savoir ni rien dire sur une
» question résolue par vous à deux reprises diffé-
» rentes, et en des sens complétement divers. »

Le correspondant pouvait se dispenser d'en appeler aux souvenirs du prélat pour y trouver des con-
trastes avec la déclaration consignée dans la lettre à
laquelle il répondait. Immédiatement après avoir dit
qu'*il se gardera bien d'entrer dans le fond de l'affaire*,
Mgr. l'évêque de Saint-Claude assure que la brochure
où l'on rend compte de celle-ci *est pleine de fiel et de
passion*. L'on ne saisit pas du premier coup le sens
de cette double figure. Il y a là quelque chose qui
ressemble plus à un logogryphe qu'à une métaphore.
Au dire de Monseigneur, *la brochure étant pleine de
fiel et de passion*, comment s'expliquer que l'affaire
que Monseigneur ne connaît pas ait pu y trouver
si large place? Et Monseigneur ne connaissant rien
de l'affaire dont cette brochure regorge, comment
peut-il affirmer que celle-ci *est pleine de fiel et de
passion*? L'on n'accorde ces deux parties du texte de
la lettre épiscopale qu'en supposant que *le fiel et la
passion* qu'on y signale, sont choses parfaitement
compatibles avec la droiture et l'équité qui, en effet,
abondent dans la brochure où est exposée l'*affaire du
fond de laquelle* Mgr. l'évêque de Saint-Claude avait

hâte de sortir; car c'est ce qu'il faut entendre, on
vient de le voir, quand Monseigneur avertit qu'*il se
gardera bien d'y entrer*. (Voir les pièces justif. A.)

A l'époque où se rédigeait cette correspondance,
M. le curé de Sellières suivait ponctuellement les
mêmes règles que Mgr. l'évêque de Saint-Claude.
Pas plus que ce prélat il n'était tenté de revenir avec
ses paroissiens sur les difficultés du commencement; mais comme lui il leur tenait rigueur à
l'endroit du compte-rendu. Que les bonnes gens
eussent consenti à dire un tout petit mot à l'unis-
son, et l'on n'entendait plus parler de rien. Ceux-ci
malheureusement ne goûtaient point la proposition.
Le brave homme à qui était échu l'honneur d'entretenir ces relations, avouait même ingénument n'y
rien comprendre du tout. « Il vous plaît, disait Gros-
» Jean à M. le curé, de perdre tout souvenir de
» vos premières rigueurs pour ne songer qu'au
» compte-rendu auquel elles ont donné lieu. De deux
» choses l'une pourtant. Ou bien vous vous repentez
» véritablement d'avoir donné vos premières déci-
» sions; et dans ce cas, comment pouvez-vous me
» savoir mauvais gré de vous avoir excité à la con-
» trition? ou bien vos convictions continuent d'être
» ce qu'elles furent tout d'abord; et comment, dans
» cette supposition, peut-il vous être indifférent que
» je persiste dans mes premiers sentiments? » (Voir
les pièces justificatives B.)

En vérité, Gros-Jean était parfaitement dans la
question. On lui faisait un crime d'avoir crié : au
feu! et l'on refusait de discuter avec lui sur le fait de
l'incendie. A bon droit il ne le pouvait souffrir. L'on
ne sait qu'imparfaitement, du reste, après l'avoir
entendu parler ainsi, à quoi tenait en lui cette forte

répugnance à rien dire qui infirmât l'autorité de
l'écrit incriminé. S'imaginait-il, par hasard, que
cette œuvre fût consacrée, de tout point irréprochable? en aucune façon. Comme son auteur aujour-
d'hui, il eût volontiers donné, dès-lors, pleine satisfaction sur certains points, s'il n'eût soupçonné
en ceux qui le sollicitaient l'envie d'arriver à mieux.
C'était là ce qui le rendait revêche. En bon politi-
que, il voulait régler d'abord le plus gros du différend ; des concessions sur l'accessoire faites au début
pouvant tourner un jour au détriment du principal.
Sage précaution vraiment! La lettre dans laquelle il
priait qu'on le tirât de peine, n'était pas encore par-
venue à son adresse, que Mgr. l'évêque en écrivait
une autre où l'on voit qu'il a trouvé dans la brochure
non-seulement *le fiel et la passion* dont *elle est pleine*,
mais encore *des calomnies*. C'était là le point cha-
touilleux.

Celui qui écrit ceci veut bien ne point rechercher
les motifs de cette dernière assertion. C'est son désir
que chacun forme à ce sujet les plus charitables con-
jectures. Quant à l'assertion en elle-même, tout à
l'heure elle comptera pour peu.

Les calomnies dont parle Mgr. de Saint-Claude
sont de la pire espèce ; car elles mettent empêche-
ment direct au salut des âmes, ne vont à rien
moins qu'à ruiner entièrement la considération si
nécessaire à un pasteur. D'un autre côté, celui à
qui on les impute est un prêtre soumis à la juridic-
tion du prélat accusateur. Or, comment se fait-il
qu'un si grand mal soit demeuré jusqu'à ce jour sans
réparation ; qu'aucune peine, publique comme l'injure, n'ait encore atteint le prêtre si odieusement
diffamateur? Cela ne s'explique que d'une seule fa-

çon. Le prélat n'a pas eu jusqu'à ce jour contre ce
prêtre la preuve de son crime. L'on va juger de ce
que vaut l'explication.

L'écrit prétendu calomniateur parut dans le courant d'avril de l'année 1840. Le 20 juillet de la même
année, l'auteur, écrivant à Mgr. de Saint-Claude,
lui disait : « .... Serait-ce qu'il manquerait
» quelque chose aux preuves de ses méfaits ? Mais
» ce compte-rendu, Monseigneur, où tout est si
» grave, c'est moi qui l'ai rédigé. Si l'on y a saisi
» la trace de quelque imposture, de quelque exagé-
» ration menteuse, que l'on sévisse : le coupable
» se livre. Car enfin, il est indispensable qu'il y en
» ait un, et qu'il le soit au premier chef : il est indis-
» pensable que le nom de calomniateur infâme me re-
» vienne, ou qu'une flétrissure équivalente demeure
» à celui que mon innocence incrimine. Que l'on
» ordonne donc une enquête sur les faits ; que l'on
» me porte le défi de motiver mes assertions. Vous
» comprenez la portée de ceci........... » L'enquête
est encore à venir ; la prudence ayant conseillé à
Mgr. l'évêque de Saint-Claude d'y suppléer par
l'ordre exprès, positif et formel, intimé *sub pœnâ
gravi*, à qui le pressait de cette façon, de se rendre
à la retraite ecclésiastique prête à s'ouvrir. L'expé-
dient pourra d'abord paraître étrange ; mais si l'on
veut bien y réfléchir, l'on reconnaîtra qu'il n'était
pas mal imaginé. (Voir les pièces justificatives C.)

Que Mgr. l'évêque de St-Claude ait cru pouvoir dire
d'un écrit *qu'il est plein de fiel et de passion*, au moment
même où il témoignait d'une aversion profonde pour
la simple connaissance des choses contenues dans
ce même écrit, le fait est sans doute des plus extraor-
dinaires : mais voici qui l'est pour le moins autant.

C'était au mois de juillet de l'année 1840 que
Mgr. de Saint-Claude refusait de soumettre à l'é-
preuve d'une enquête les faits exposés dans le
compte-rendu. Au mois d'août de l'année suivante,
Mgr. sévit contre un de ses diocésains. Qu'a fait
celui-ci? Il a distribué la brochure dont l'auteur s'est
livré treize mois auparavant à la justice du prélat.
Il a cru à la parole d'un homme que Mgr. n'a osé
démentir; qui proclame impunément tout haut ce
que son crime à lui est de répéter tout bas! Gros-
Jean cette fois encore avait beau jeu. Ecoutons-le :

« Quelque temps après la publication de l'écrit,
» du pamphlet, si vous aimez mieux, que je me suis
» permis de distribuer, vous crûtes, Mgr., devoir
» vous exprimer fort sévèrement sur l'œuvre et sur
» son auteur. Des explications s'ensuivirent. Vous
» parliez beaucoup d'intentions perverses, rancu-
» neuses, de tout ce qu'un cœur hypocrite renferme
» plus soigneusement en soi. L'on vous proposa (en
» quels termes pressants, à coup sûr vous ne l'avez
» pas oublié), de débuter par une enquête sur les
» faits, de leur nature plus positifs et plus sûrement
» appréciables que les premières. A cette demande
» vous ne répondites que par un profond silence : si-
» lence de satisfaction, disions-nous ; mais en cela
» nous nous trompions : ce silence était d'une autre
» sorte ; l'on ne peut en douter aujourd'hui. Il s'en
» faut que la fatale brochure ait trouvé grâce devant
» vous depuis ces pourparlers. Tout au contraire,
» vous y avez découvert de nouveaux motifs de ré-
» probation. *Elle est pleine de fiel , de passion , opposée*
» *à l'esprit du christianisme , injurieuse au prochain.* Ces
» qualifications sont fort mal sonnantes sans doute.
» Si pourtant l'énumération des méfaits de l'auteur

» n'était pas plus longue, il est peu probable que je
» m'en fusse inquiété pour lui. Quiconque n'a pas
» beaucoup de temps à perdre doit éviter de discuter
» quand le champ de la lutte est si large qu'il n'y a
» lieu de compter sur quelque conflit sérieux. Que
» certaines gens éprouvent un sentiment pénible en
» entendant la vérité, cela ne prouve absolument
» rien contre celle-ci, que l'on ne dirait jamais s'il
» fallait attendre qu'elle leur complût. Le plus sou-
» vent, pour surcroît de malheur, ils mesurent la
» gravité de l'offense à la haute idée qu'ils ont préa-
» lablement conçue de leurs propres mérites,
» presque toujours, hélas! complétement méconnus.
» Heureusement je n'ai que faire de contrister per-
» sonne en cherchant la mesure exacte des respects
» et déférences auxquels on a droit. Je ne tiens à
» entrer avec vous en explications que sur un seul
» point. Cet écrit, envenimé déjà de tant de façons,
» renferme de plus, assurez-vous, *des calomnies.*
» Ces calomnies, bien entendu, ne sont pas de celles
» qui n'existent que dans votre opinion, votre con-
» science. De vous à moi (coupable pour les avoir
» répétées, que le lecteur ne l'oublie pas), elles mo-
» tivent un refus de sacrement. Incompatibles avec
» la bonne foi, les faits qu'elles supposent sont d'une
» fausseté notoire, palpable. Ayez la bonté, Mgr.,
» d'indiquer précisément ces faits-là, de les toucher
» du doigt. Veuillez citer la page, la ligne, le mot.
» Il importe infiniment que la preuve soit aussi irré-
» fragable que l'accusation est formelle : car s'il en
» était autrement; si la conscience de qui vous lira
» demeurait le moins du monde indécise; si surtout
» vous croyez devoir refuser cette fois *d'entrer dans le*
» *fond de l'affaire,* la calomnie passerait de la brochure

» dans votre lettre, devenue pamphlet du même coup. »

Le tour de phrase est un peu vif ; on le regrette. Mieux eût valu retrancher ce dernier trait; repousser tout fâcheux soupçon ; ne pas supposer que Mgr. l'évêque de St-Claude eût intérêt à laisser sans réponse pareille demande. C'est ce qui est arrivé toutefois.

Il y a toujours eu du mystère dans cette affaire. A l'époque des premiers anathèmes, ce dont on se souciait le moins était de discourir sur leurs motifs. Les pénitents ont fini par obtenir des aveux indirects ; mais jamais ils n'ont pu se procurer un mot d'explications écrites. *Verba volant : scripta manent* *. Après les refus d'absolution sont venues les accusations de calomnies. Demander où sont celles-ci est encore indiscret. L'on comprend qu'il soit embarrassant d'entrer en matière sur l'un et l'autre point. Mais le silence aussi est plein d'inconvénient. Combien de gens qui diront qu'à l'époque des premiers refus d'absolution l'on comptait à l'avance sur l'effet des accusations de calomnie; et que les accusations de calomnie sont venues pour empêcher qu'on ne crût aux refus d'absolution !

* Le vent emporte les paroles , non les écrits.

PIÈCES JUSTIFICATIVES.

A.

Ce ne sont point là des gloses forcées, démenties par la contexture entière des phrases dont on aurait déchiré des lambeaux. Après s'être mis du côté des casuistes les plus rigides, Mgr. l'évêque de Saint-Claude écrivait :

. . . .

« Quant à la conduite qu'on m'attribue dans la mal-
» heureuse affaire qui divise votre honorable famille et
» la sœur de M. le curé de Sellières, je vous certifie,
» Monsieur, qu'elle est diamétralement opposée à celle
» que j'ai tenue constamment. . . . .
» Je suis même persuadé que les deux parties agissaient
» de bonne foi, chacune dans sa cause ; que vous étiez
» aussi éloigné de retenir le bien de madame Garnier,
» que celle-ci l'était de retenir le vôtre. »

Ce qui n'empêcha pas que Monseigneur n'écrivît plus tard :

« Je me garderai bien d'entrer ici dans le fond de l'af-
» faire. Je ne répondrai pas même à tous les articles de
» votre longue lettre. Je dois néanmoins vous faire obser-
» ver que vous avez eu tort de répandre la brochure,
» parce qu'elle est pleine de fiel et de passion, qu'elle
» renferme des faussetés et des calomnies, des choses, en
» un mot, injurieuses *au prochain*. . . . . . . Je ne com-
» prends pas comment une famille aussi religieuse que la
» vôtre, a pu approuver et distribuer une production
» aussi opposée à l'esprit du christianisme. . . . . . . Vous
» vous plaignez, Monsieur, de ne pas trouver de con-
» fesseur qui veuille vous absoudre. J'en conclus que
» vous refusez de réparer vos torts. . . . . . . »

Quant à ce dernier point, l'on trouve ce qui suit dans la lettre déjà citée du correspondant de Mgr. de Saint-Claude :

« Votre secrétaire * a certainement un talent de rédac-
» tion des plus remarquables : mais il lui faudra travailler
» longtemps encore sur vos correspondances avant de lire
» correctement les manuscrits. Il vous a lu ma lettre de
» telle façon que vous avez compris *que je ne pouvais*
» *trouver de confesseur qui voulût m'absoudre*, là où
» je vous disais : *que les prêtres qui, dans votre diocèse,*
" *mettent à ma disposition ce que l'on me refuse à Sel-*
» *lières, abondent.* Avouez qu'il n'était pas possible d'ai-
» der moins à la lettre, d'avoir l'esprit plus loin du sens.
» Le fait est qu'à Sellières, l'on ne veut pas m'absoudre ;
» que dans la banlieue, l'on ne veut pas m'entendre ; et
» qu'un peu plus loin, l'on fait sans difficulté l'un et
» l'autre. Veuillez tenir soigneusement compte de ces
» différences qui vous donneront la claire intelligence de
» la situation. . . . . . . »

B.

Ces propositions d'accommodement n'ont pas été
présentées directement par M. le curé de Sellières à ses
paroissiens. C'est M. l'abbé Girod, vicaire-général, qui
les leur a transmises. Tout est si intime entre M. le vicaire-général et M. le doyen depuis si longtemps ; dès le
commencement de cette affaire, surtout, ces messieurs ont
toujours été si parfaitement d'accord, qu'il ne viendra en
idée à personne que le premier ait pu en imposer au
détriment du second ; encore moins que le second puisse
trouver mauvais ce qu'a fait le premier. Cependant,
comme de compte fait, il ne paraît pas qu'il y ait grand'-
chose à gagner pour l'un ni pour l'autre dans l'incident,
l'on a cru devoir en rapporter scrupuleusement les moin-
dres particularités, afin qu'en cas de dédommagements à
solliciter, les réclamants sussent à qui s'adresser.

Peut-être le lecteur sera-t-il curieux de voir en quel
style le paroissien développait son argument auprès de
Mgr. de Saint-Claude. Voici sa lettre.

___

* M. l'abbé Girod, vicaire général.

. . . .

« Monsieur le curé de Sellières ne s'inquiète plus pour
» ma conscience de ce que j'ai fait ou n'ai pas fait, à l'oc-
» casion du procès dans lequel madame sa sœur était
» partie des héritiers de feu son mari. Ces paroles sont au-
» thentiques : établissons-en bien la signification.

» Je vous l'ai dit, je vous le répète : Mes intentions,
» — pas plus que vous, M. l'abbé Saron ne l'ignore, —
» sont aujourd'hui ce qu'elles étaient à l'époque où ce
» dernier déclara qu'il ne pouvait m'absoudre qu'à la con-
» dition que je me repentisse de l'action dont il ne se
» soucie plus de connaître à l'heure qu'il est. Or en con-
» fession, si je ne me trompe, l'intention par où s'ap-
» précie toute la valeur morale des actes est la seule chose
» qui se discute. Celle-ci constatée, le reste importe peu.
» La conséquence donc qu'il faut tirer de l'aveu de M. le
» curé d'une part, et de la persistance de son pénitent de
» l'autre, c'est que la théologie du premier a varié, qu'il
» juge permis aujourd'hui ce qu'il déclara jadis être dé-
» fendu.

» Ne croyez pas cependant que nous soyons sortis en-
» tièrement de peine du côté de M. le doyen. Nous nous
» sommes approchés du but, mais nous ne l'avons pas
» atteint . . . . M. le curé ne peut prendre sur soi de
» me réconcilier, si je ne me repens d'avoir distribué la
» brochure intitulée compte-rendu. Par scrupule, en vé-
» rité ! En effet, que contient en substance cet écrit,
» sinon la condamnation d'une doctrine perverse dont
» M. l'abbé Saron était le partisan zélé à l'époque de sa
» publication, et qu'il réprouve aujourd'hui ? En dehors
» de la pure et simple discussion de ces principes erronés,
» qu'y a-t-il autre chose dans les pages proscrites que des
» faits malheureusement incontestables, dont on offre de
» détailler les preuves, et qui n'y sont signalés qu'à raison
» de leur rapport intime avec une règle de conduite qu'on
» se repent d'avoir suivie? Ce cas de conscience malheu-
» reux pour lequel on avait donné des décisions dont on
» ne veut pas porter plus longtemps la responsabilité,
» attendu qu'elles rompent en visière au bon sens, ne

» s'est-il pas trouvé mêlé à toute cette affaire depuis son
» commencement jusqu'à sa conclusion ? Ne le trouve-
» t-on pas, dès les premiers jours, dans les manifestations
» dont on essaie de faire un épouvantail au père du dé-
» funt, et dix-huit mois après encore dans les corres-
» pondances qui préparent les religieuses de Dole pour
» un arrangement où sera consommé le sacrifice presque
» entier de leurs intérêts ? Cette théologie insoutenable
» n'est-elle pas le prétexte de toutes les lamentations, de
» tous les cris : à l'abomination ! au scandale ! Comment
» donc s'y prendra-t-on pour nous persuader que l'écrit
» dans lequel on ouvre les yeux des plus simples sur les
» sophismes qui aidaient à ces sortes de démonstrations,
» a été inspiré par la malveillance ; que son auteur a
» commis une œuvre d'iniquité en essayant de rompre le
» cours de l'injustice ; qu'il est tenu à réparation envers
» ceux qui ne souffrent de ses paroles que parce qu'il
» leur est impossible d'articuler un seul mot qui les jus-
» tifie ?

» Evidemment, M. l'abbé Saron était sous l'empire de
» quelque préoccupation étrangère au sujet en posant la
» question de ma culpabilité, quant au fait de l'écrit dis-
» tribué, sans vouloir entrer dans celle des différends
» antérieurs. Ces deux questions sont connexes ; elles n'en
» font qu'une. L'on ne peut arriver à la première qu'en
» passant par celle-ci. Affirmer que j'ai mal fait de dis-
» tribuer le *compte-rendu* de nos démêlés ne suffit pas :
» il faut prouver que son auteur a commis une mauvaise
» action en le rédigeant. M. l'abbé Saron a bien mérité
» de tous, il a mérité devant Dieu et devant les hommes,
» quand il s'est décidé à faire indirectement l'aveu de ses
» torts : mais cet aveu, il faut en convenir, n'est pas de
» nature à aggraver sensiblement la position des cou-
» pables qui ne le sont que pour lui en avoir adressé le
» reproche.

» En vérité, Monseigneur, notre indulgence est l'uni-
» que chose à laquelle M. le curé de Sellières ait droit,
» et il peut compter qu'elle lui est acquise. Quant au
» reste, qu'il se garde de compliquer plus longtemps les

» difficultés de son ministère du souvenir d'événements
» fâcheux, déplorables, dont il doit désirer plus que per-
» sonne qu'il ne reste rien dans la mémoire des gens du
» pays. La voie dans laquelle il est engagé est mauvaise.
» Déjà il a fait un pas pour en sortir : je l'en félicite.
» Qu'il en sorte tout-à-fait : pour le présent il s'en trou-
» vera bien ; pour l'avenir encore mieux. Croyez bien ,
» Monseigneur, que ce langage n'est pas celui d'un homme
» amateur de troubles et de divisions , qui n'apporte dans
» les affaires que le souci puéril d'y paraître avec impor-
» tance. Ce langage est celui d'un homme sérieux et grave,
» qui souffre de voir les choses les plus saintes obstiné-
» ment mêlées à d'absurdes querelles ; querelles miséra-
» bles, où il est impossible que le bon sens vulgaire voie
» autre chose que la lutte des susceptibilités les plus ri-
» dicules contre l'évidence palpable.

» J'ai l'honneur d'être. » . . . .

. . . .

C. « Venez donc, mon cher monsieur, venez à cette
» sainte et précieuse retraite. Le respectable prêtre que
» l'Esprit saint a choisi pour être son organe, dans ce
» nouveau cénacle, vous instruira ; il vous éclairera, il
» touchera votre cœur. Là vous vous renouvellerez, vous
» vous retremperez dans l'esprit de votre vocation, et
» vous viendrez me remercier avec autant de joie que
» d'empressement de l'invitation pressante que je vous
» adresse en ce moment. J'ai la ferme persuasion que
» mon invitation vous suffira, et qu'il serait superflu,
» inutile, de vous donner l'ordre exprès, positif et formel,
» de vous rendre à cette prochaine retraite. Sans cette
» persuasion, je regarderais comme un devoir sacré pour
» moi de vous ordonner, *sub pœná gravi inobedientiæ* ,
» de venir vous réunir à nous dans cette assemblée nom-
» breuse et imposante où le clergé de diocèse, présidé
» par son évêque, va être donné en spectacle au monde,
» aux anges et aux hommes, et sur lequel descendront,
» nous en avons l'espoir fondé, du haut du trône du Père
» des miséricordes, les grâces et les bénédictions du
» prince des pasteurs les plus abondantes et les plus

» salutaires. Venez donc, monsieur, venez, je vous en
» conjure, puiser avec nous dans cet inépuisable trésor
» des divines miséricordes. » ....
. . . .

« Je vous engage, monsieur, à lire ma lettre avec toute
» l'attention qu'elle réclame. Il y va de votre intérêt le
» plus cher, celui de, votre sanctification et du salut
» éternel de votre âme, de votre repos et de votre bon-
» heur dans ce monde et dans l'autre. »

C'était en ces termes que Mgr. l'évêque de Saint-Claude
pressait le rédacteur du compte-rendu. Celui-ci répondit
au prélat :

« Monseigneur,

» Vos pressantes et paternelles exhortations, pour me
» déterminer à aller prendre ma part des fruits de la
» retraite ecclésiastique, ont été reçues avec une gratitude
» égale à l'intérêt qui vous portait à me les adresser. Le
» malheur a voulu que ces pieux exercices coïncidassent
» avec certaines affaires fort importantes qui réclament
» absolument ma présence. Veuillez agréer, Monseigneur,
» cette expression de mon regret, d'autant plus vif que
» vos instances tiraient des quelques mots latins intercalés
» dans le texte de votre lettre, un caractère de douce vio-
» lence que mon cœur a parfaitement compris. Le profit
» que vous espériez pour moi de la retraite de Lons-le-
» Saunier, ne sera pas perdu. Indépendamment des en-
» traves dont je viens de vous parler, nous sommes en-
» gagés dans d'autres embarras encore, par suite de la
» nouvelle action judiciaire intentée par la famille Saron.
» Dès que je serai quelque peu dégagé des uns et des
» autres, je me propose d'aller m'édifier dans la com-
» pagnie de bons religieux à qui, l'an passé déjà, j'ai
» demandé une hospitalité de plusieurs jours. Ce sont de
» pauvres trappistes établis, depuis quelques années, à
» peu de distance des limites de votre diocèse, du côté
» de Salins. L'âme se retrempe véritablement au milieu
» de ces hommes graves dont la pénitence active et labo-
» rieuse, autant qu'ignorée, contraste si fort avec l'orgueil
» les scandales et les convoitises du siècle.

» L'obstacle qui s'est opposé à ce que je me rendisse
» à votre bonne invitation eût-il été levé, il y aurait eu
» peut-être à tenir compte encore d'autres considérations
» avant de se décider à en profiter. Dieu tire le bien du
» mal : c'est le propre de ceux de notre espèce, au con-
» traire, de tirer le mal du bien. Votre longue expérience
» des choses humaines n'a pu manquer de vous faire re-
» connaître combien en cela souvent ils sont habiles. Or
» donc, si j'eusse suivi les exercices de la retraite, en
» compagnie des autres prêtres de votre diocèse, savez-
» vous quelle couleur eussent donné au fait de ma pré-
» sence dans cette assemblée certaines gens qui, dans
» nos quartiers, passent pour parfaitement informés? Au
» lieu de représenter comme une exception flatteuse la
» gracieuse épître dans laquelle vous m'avez invité à aller
» grossir l'assistance, l'on eût insinué (sauf à vous com-
» promettre) que dans votre intention elle avait un autre
» caractère. Mon empressement à vous agréer eût été in-
» terprété comme amende honorable ; l'on s'en fût pré-
» valu comme d'une satisfaction obtenue. Le séminaire
» de Lons-le-Saunier, lieu de réclusion volontaire pour
» les autres, eût-on dit, est pour lui lieu de contrainte
» et de détention. Dans cet étrange système, les offenser
» qu'à si juste titre le public impute à quelques-uns, en
» eussent incriminé d'autres, ceux-là même qui ont été
» les victimes ; et il eût paru piquant, sans aucun doute,
» aux premiers, de réparer ainsi par ma prétendue péni-
» tence des fautes dont nul plus que moi n'est en droit
» de se plaindre. Quel intérêt eût eu, après la retraite,
» pour un petit nombre d'auditeurs complaisants, le récit
» des particularités qui en auraient signalé le cours? Je
» ne me hasarderai point à le dire ; bien que les souve-
» nirs de la mission de Sellières soient de l'histoire toute
» récente encore et fort authentique. Ne vous récriez pas,
» Mgr., sur l'invraisemblance de l'hypothèse. Nous avons
» dans nos cantons le spectacle de bien d'autres singula-
» rités. Peut-être vous paraît-il qu'il ne saurait y avoir
» lieu de s'inquiéter de la manière dont les idées s'agitent
» et se déplacent dans certains cerveaux. Bien que la

» maxime soit de celles que je prends habituellement pour
» règle ; je juge pourtant qu'il est bon, parfois, de se pré-
» cautionner contre les discours inconsidérés, surtout
» quand la malignité y a plus forte part que l'indiscrétion ?

« Si défavorables que soient mes jugements sur certaines
» personnes, la dernière lettre que j'ai eu l'honneur de
» vous écrire a dû vous persuader qu'ils émanent de con-
» victions sincères. C'était l'effet que j'en attendais : votre
» silence, quant aux motifs de mes appréciations, montre
» que vous n'êtes nullement disposé à contester sur ce
» point. Ce silence qui vaut autant pour ma cause que
» l'adhésion la plus explicite, établit suffisamment aussi
» que vos sollicitudes relativement à l'état de mon âme
» sont aujourd'hui pleinement indépendantes de la crainte
» que vous éprouviez jadis, qu'il ne se mêlât à mes si
» légitimes réclamations, quelque sentiment aigre et mal-
» veillant. Pour le cas cependant où il resterait quelque
» chose de vos appréhensions passées ; permettez, Mgr.,
» que je vous prie d'être pleinement rassuré. Comptez
» bien qu'il n'y a pas dans mon cœur l'ombre d'un sen-
» timent de haine. En vous écrivant, mon premier be-
» soin a toujours été d'user d'une franchise entière, et aussi
» de concilier la netteté des explications qu'il était in-
» dispensable de vous transmettre avec le respect com-
» mandé par votre caractère et par ma position. Quant
» au reste, ayant à vous entretenir de faits accomplis,
» aussi évidemment odieux que le soleil est lumineux ; il
» était impossible que mes paroles ne portassent pas l'em-
» preinte de mon sujet, que le blâme à déverser sur les
» actes prît la forme d'un compliment pour les person-
» nes. Mes souvenirs ne me trompent point. J'ai présente
» à la mémoire chaque ligne de notre correspondance
» déjà bien longue. Il ne s'y trouve pas un mot qui, de
» ma part, ait l'apparence d'une provocation ; pas une
» affirmation, quelque compromettante qu'elle soit, qui
» ne puisse être justifiée au tribunal de la plus impartiale
» équité. Qu'il n'y ait nulle trace non plus de ces premiers
» mouvements que la sagesse conseille de réprimer ; qu'en

» agissant avec une intention toujours droite, je ne me
» sois jamais écarté le moins du monde de la ligne tracée
» par une indulgente modération ; qu'en m'abstenant de
» rien dire qui ne fût vrai, j'aie constamment eu soin de
» n'accorder à la défense que ce qui était indispensable
» pour la justification, je ne le prétends point : et afin que
» vous ne doutiez pas que je sache aussi, dans l'occasion,
» me faire à moi-même mon procès en bonne forme, je
» vous avouerai mon regret que l'ampleur du papier sur
» lequel ont été écrites les deux dernières lettres que vous
» avez reçues y ait laissé de la place pour les apostilles
» qui les terminent. Les choses étaient suffisamment
» éclaircies, et il eût été mieux de s'abstenir d'ironies
» auxquelles malheureusement la causticité de tout lec-
» teur devait suppléer en un pareil sujet.

   » Mon avenir vous paraît gros de tempêtes. Je ne sais
» vraiment ce qui sera demain : mais de toutes les espé-
» rances, celle dont je me berce le moins, à coup sûr,
» c'est que la vie cesse d'être pour moi comme pour les
» autres hommes une vallée de larmes. J'espère, toute-
» fois, avec l'aide de Dieu, supporter patiemment, cha-
» que jour, ce que chaque jour il m'enverra d'épreuves
» et de tribulations. Saint Paul opérait son salut avec
» crainte et tremblement. Qu'en sera-t-il de moi, je vous
» le demande, si le Seigneur, en me jugeant, ne consent
» à couvrir de sa toute-puissante bonté mes innombrables
» misères ? Puissions-nous chanter un jour ensemble le
» divin cantique : *Confitemini Domino quoniam bonus.* »

   « J'ai l'honneur d'être avec la plus haute considéra-
» tion, Monseigneur, votre très humble et très obéissant
» serviteur. »

A. G.....

Besançon.—Imprimerie de Bintot.